UNIVERSITÉ DE FRANCE.

ACADÉMIE DE STRASBOURG.

THÈSE
POUR LA LICENCE,

PRÉSENTÉE

A LA FACULTÉ DE DROIT DE STRASBOURG

ET SOUTENUE PUBLIQUEMENT

LE LUNDI 20 AOUT 1849, A MIDI,

PAR

JEAN-BAPTISTE GLEY,

de Celles (Vosges.).

STRASBOURG,
DE L'IMPRIMERIE D'ÉDOUARD HUDER, RUE DES VEAUX, 27.

1849.

A MON PÈRE.

A MA MÈRE.

J. B. GLEY.

FACULTÉ DE DROIT DE STRASBOURG.

MM. Rauter ✻ . . . . . . doyen et professeur de procédure civile et de
législation criminelle.

Hepp ✻ . . . . professeur de Droit des gens.

Heimburger . . . . professeur de Droit romain.

Thieriet ✻. . . . . professeur de Droit commercial.

Aubry ✻. . . . . . . professeur de Droit civil français.

Schützenberger ✻ . professeur de Droit administratif.

Rau . . . . professeur de Droit civil français.

Eschbach . . . . . professeur de Droit civil français.

Blœchel ✻. . . . . professeur honoraire.

Destrais. . . . . . professeur suppléant.

N. N. . . . . professeur suppléant.

Wernert . . . . . . secrétaire, agent comptable.

MM. Hepp, président de la thèse.

Hepp,
Heimburger,
Thieriet,
Destrais.
} examinateurs.

La Faculté n'entend ni approuver ni désapprouver les opinions particulières au candidat.

JUS ROMANUM.

DE USURPATIONIBUS.

§ I.

Usucapio vel præscriptio longi temporis est modus acquirendi dominii vel obligationis solvendæ ex lapsu temporis et sub conditionibus lege definitis.

In jure antiquo usucapio et præscriptio multum inter se differebant. Usucapio a duodecim tabularum lege præscriptio a jure prætorio principum constitutionibus confirmato originem ducebat. Usucapio, si res mobilis, annum ubique unum, si immobilis, biennium tantum in italico solo, præscriptio decem annos inter præsentes, viginti annos inter absentes requirebat. Usucapio, quæ erat juris civilis, dominium quiritarium et civile, actionem et exceptionem, præscriptio, prædiis provincialibus introducta usucapionis supplendæ causa, tantum exceptionem et dominium bonitarium adjiciebat. Justinianus sustulit has omnes differentias. Possessor qualiscumque nunc usucapit res mobiles per continuum triennium et res immobiles sitas in Italia vel in provinciis, inter præsentes, per decennium et inter absentes per viginti annorum spatium.

G. 1

§ II.

Usurpatio vocatur usucapionis interruptio; usurpatio ex *usurpare* procedit; quæ vox significat in jure rem retinere vel conservare usu et possessione, ut usucapio, quæ alii causa currere incepit et qua dominus rei suo jure spoliatus fuisset, impediatur.

Naturaliter vel civiliter interrumpitur usucapio. Naturaliter, cum possessor vi depossessione dejicitur, vel ei res eripitur, quo casu non adversus eum tantum, qui eripit, interrumpitur præscriptio, sed adversus omnes; nec eo casu quiquam interest, is, qui usurpavit dominus sit, nec ne; ac ne illud quidem interest, pro suo quisque possideat, an ex lucrativa causa [1].

Interruptio naturalis igitur ex omni causa qua amittitur possessio, nascitur; nam sine possessione usucapi contingere non potest.

Sic usucapio interrumpitur:

a. Cum corpore et animo possidere desinimus;

b. Cum aliquis, qui sub potestate nostra non est, vi aut furto rem nostram eripuit; sed in eo casu spoliatus haberi debet, perinde ac si possideret, cum interdicta de vi recuperandæ possessionis facultatem habeat [2];

c. Cum locus quem usucapimus flumine aut mari diu occupatur;

d. Cum fundus venditur aut locatur ei adversus quem usucapiebamus, vel cum rem pignori deponimus; dominus enim rem suam conducere non potest.

[1]. L. 5, D. de usurp.
[2]. L. 17, D. de acq. possess.

§ III.

Civiliter interrumpitur usucapio, cum possessor libello judiciali interpellatur ab eo qui rem suam recuperandi jus vindicat.

In antiquo jure nec postulatio in judicium nec litiscontestatio interrumpebat usucapionem, quæ per litem procedebat et etiam ad exitum deveniebat, gratia possessoris bonæ fidei[1]. Attamen litiscontestatione reus ad rem actori restituendam tenebatur, si hic causam obtineret[2]; sed postquam Justinianus usucapionem et præscriptionem in unum convertit, sola citatione in judicium usucapio interrumpebatur; litiscontestatio ad hoc necessaria non erat[3].

Præscriptio interrumpitur cum debitor solutionem portionis debiti dissolvit, vel cum dat seu cautionem seu pignus seu hypothecam.

Cum plures debitores in solidum sunt, agnitio unius illorum aut in unum interpellatio judicialis, erga alios præscriptionem interrumpit.

Missio in bonorum debitoris possessionem judicis sententia interrumpit præscriptionem, non solum missi in possessionem, sed etiam aliorum creditorum gratia, dum præsentes intra biennium et absentes intra quadriennium jus probent[4].

Si debitor debitum confitetur, præscriptio in fidejussorem interrumpitur.

§ IV.

Usucapio est venditio tacita; itaque omnes res quæ alienari non possunt, usucapiendæ non sunt.

1. L. 2, § 21, D. pro emptore.
2. L. 18, D. de rei vend.
3. Connanus, L. 3, c. 14, p. 208, n° 8.
4. L. dern., C. de bonis auct. jud. possid.

Præscriptio longi temporis igitur non currit :

a. Contra pupillos et minores[1]. Quæ currere incipit cum ad majorem ætatem minor pervenit. Sed præscriptio longissimi temporis contra minores procedit[2].

b. Contra fundum dotalem nisi cœperit præscriptio antequam constitueretur dotalis fundus. Attamen si vir interrumpere eam neglexit, cum id facere posset, rem periculi sui fecit. Plane si paucissimi dies ad perficiendam longi temporis possessionem superfuerint, nihil erit, quod imputabitur marito[3].

c. Contra jus sub aliqua conditione vel sub die certa aut incerta, ante exitum conditionis vel ante lapsum institutæ diei certæ aut incertæ.

d. Contra creditores debitoris defuncti per jus deliberandi hæredibus concessum; creditores enim hæredem per id tempus ad judicium vocare non possunt.

e. Contra filium familiæ cujus pater bonorum usumfructum vel administrationem habet.

Absentia non tollit usucapionem, attamen qui sunt reipublicæ causa absentes, velut milites et uxores, quæ cum maritis absentibus reipublicæ causa peregrinantur, legati, præfecti et istorum comitatus; qui sunt in vinculis aut in servitute ex legibus nec ne; qui metus causa absunt; qui in hostium potestate sunt, actione rescisoria in integrum restituuntur, si rem usucaptam petunt intra quadriennium continuum ex die ex quo desiit absentia.

Eadem actio rescisoria datur quoque illis qui in civitate sunt contra possessores absentes qui non defenduntur.

Cum possessor aut debitor abest vel infantia aut furor eum laborat

---

1. L. 3, C. quibus non objicitur præscrip.
2. L. ult., C. in quibus causis in integrum.
3. L. 16, D. de fundo dotali.

vel tutorem aut curatorem non habet, vel in magna potestate consti-
tutus est, licet etiam domino rei vel creditori usucapionem interrumpere, scripto præsidi provinciæ vel locorum episcopo porrecto, seu
tabulariorum vel trium testium subscriptione et hoc ei sufficit[1].

1. L. 2, C. de annali exceptione.

DROIT CIVIL FRANÇAIS.

Des causes qui interrompent ou qui suspendent le cours de la prescription.

(Art. 2242 — 2259, C. civ.).

INTRODUCTION.

Avant de rechercher les causes qui interrompent ou qui suspendent le cours de la prescription, il est, je crois, nécessaire de donner un aperçu de son origine.

La prescription est un moyen d'acquérir ou de se libérer par un certain laps de temps et sous les conditions déterminées par la loi (art. 2219).

Cette définition est complexe ; elle comprend la prescription aux fins d'acquérir et celle aux fins de se libérer. La première est fondée sur la possession : *sine possessione usucapi contingere non potest*. La seconde s'appuie sur la renonciation du créancier et quelquefois même sur une présomption de paiement.

Au premier abord, la prescription pourrait être considérée comme un moyen contraire à l'équité naturelle qui ne permet pas de dépouiller quelqu'un de sa propriété ou de le léser dans ses droits par cela seul qu'il aura cessé de posséder sa chose ou qu'il n'aura pas exercé son droit pendant un certain laps de temps. Cependant on ne saurait disconvenir que la prescription est fondée sur des motifs d'ordre public qui la rendent indispensable. En effet, il importe de mettre un terme à de longues incertitudes sur le droit de propriété, et d'éviter une foule de contestations, en admettant qu'un possesseur puisse remplacer par une longue possession des titres qu'il peut avoir perdus ou qui peuvent avoir été détruits par le temps, et à ce titre la prescription mérite bien le nom de patronne du genre humain. D'ailleurs on a concilié l'intérêt public avec celui des propriétaires, en fixant des délais suffisants pour que chacun puisse faire valoir ses droits. Celui qui néglige de les invoquer pendant un long espace de temps, est présumé y avoir renoncé ; c'est donc par sa propre faute et en quelque sorte pour punir sa négligence, que la prescription court contre lui.

CHAPITRE PREMIER.

Des causes qui interrompent le cours de la prescription.

Interrompre une prescription qui a déjà son cours, c'est effacer et rendre inutile le temps qui a couru et la forcer à recommencer, comme si elle n'avait jamais eu de principe d'existence.

L'interruption de la prescription diffère de la suspension ; la première efface entièrement le temps écoulé ; la seconde, au contraire, arrête momentanément son cours, la possession préexistante subsiste et une fois l'obstacle levé, le temps qui recommence à courir se lie avec le temps acquis au moment de la suspension et compte pour calculer le délai légal.

La prescription peut être interrompue naturellement ou civilement (art. 2242).

L'interruption naturelle ne s'applique qu'à la prescription acquisitive; l'interruption civile, au contraire, s'applique aux deux espèces de prescriptions.

§ Ier.

DE L'INTERRUPTION NATURELLE.

L'interruption naturelle est celle qui a lieu lorsque le possesseur est privé matériellement de la chose dont il jouissait et qu'une autre possession vient prendre la place de la sienne.

Il importe peu que le possesseur soit privé de la possession par le fait de l'ancien propriétaire ou par celui d'un tiers (art. 2243), que la nouvelle possession soit légitime ou injuste, qu'elle soit ou non le résultat de la violence : dans l'un et l'autre cas, il n'a pas moins cessé de posséder, et on sait que pour prescrire, il faut une possession continue, non interrompue, et un temps déterminé par la loi (art. 2229).

Mais pour qu'il y ait interruption de la prescription, il faut que la dépossession ait duré plus d'un an (art. 2243). Si donc, avant l'expiration de ce délai, le possesseur évincé rentre de fait dans sa possession, ou intente pour se faire réintégrer une action dont l'issue lui soit favorable, la prescription est censée n'avoir jamais été interrompue, quand même la possession du nouvel occupant se serait prolongée pendant le procès et eût duré de fait plus d'un an, car il reprend, par l'effet du jugement qui évince le détenteur, l'exercice de tous ses droits; il n'a pas été privé de la possession, puisqu'elle n'a pas reposé un instant sur la tête du détenteur.

Il n'y aurait pas interruption de la prescription, si le possesseur s'abstenait pendant un an de jouir sans qu'aucune possession étrangère vînt s'entremêler à la sienne; car la possession se conserve par l'intention [1]. Mais si, par quelque motif particulier, le possesseur avait abdiqué volontairement sa possession et l'avait reprise ensuite, encore qu'aucun autre ne se fût emparé de la chose, je crois que la prescription serait interrompue, car il aurait cessé de posséder *corpore et animo*.

La force majeure n'est pas non plus une cause d'interruption [2].

Il en est de même du simple non usage pendant un certain temps, surtout si le droit se conserve par des vestiges, et si l'adversaire reste dans un état d'inertie [3].

L'interruption naturelle est absolue et opère à l'égard de toutes personnes indistinctement; au contraire, l'interruption civile ne s'étend pas ordinairement d'une personne à une autre, elle ne profite qu'à celui qui l'a faite à ses successeurs et ayants-cause.

§ II.

DE L'INTERRUPTION CIVILE.

L'interruption civile s'opère par des actes spéciaux déterminés par la loi, et auxquels elle attache l'effet d'interrompre la prescription.

Ces actes sont : Une citation en justice, un commandement et une saisie signifiée à celui qu'on veut empêcher de prescrire (art. 2244).

Reprenons ces différents actes d'interruption en particulier :

1º Une citation en justice.

Ces mots ne doivent pas être pris à la lettre, mais d'une manière large et doivent comprendre toute demande en justice. Le législateur, en employant ces termes, *citation en justice*, a voulu embrasser dans une seule énonciation toutes les demandes qui réunissent les conditions essentielles aux instances judiciaires; il faut donc placer

1. Troplong, Prescription, nº 542 *in fine*.
2. Amiens, 17 mars 1825; Dall., 28. 1. 342.
3. Troplong, idem, nº 345.

    G.

sur la même ligne que la citation en justice, une instance engagée devant des arbitres, car les arbitres étant substitués aux juges par le choix des parties, le débat qui s'engage devant eux est une instance judiciaire, et contient une véritable demande en justice.

Il en est de même de la demande reconventionnelle, faite par acte d'avoué à avoué dans le cours d'une instance, car c'est là encore une véritable demande en justice. Quelle différence y a-t-il, en effet, entre une demande formée par citation, lorsque les parties n'ont pas encore ouvert la lice judiciaire, et une demande formée incidemment lorsque les parties sont en présence du juge?

Une demande formée par requête de production à un ordre, interrompt aussi la prescription, car c'est aussi une demande judiciaire [1].

2º Une saisie signifiée à celui qu'on veut empêcher de prescrire.

La saisie est, en effet, l'acte le plus rigoureux et le plus visible pour prouver que le créancier ne s'endort pas sur l'exercice de son droit. Mais de quelle saisie l'art. 2244 veut-il parler? Il me semble qu'il n'a eu en vue que la saisie-arrêt; car pour les autres saisies, il faut un commandement préalable, et nous allons voir que le commandement interrompt la prescription.

En cas de transport d'une créance, la notification de cet acte au tiers débiteur interrompt la prescription lorsqu'elle est suivie d'une sommation de payer; mais en est-il de même de la simple notification sans un commandement préalable? Il faut distinguer si la créance cédée est frappée de saisie-arrêt au moment du transport, la signification vaut saisie, car elle produit tant à l'égard du saisissant que du tiers saisi le même effet qu'une saisie-arrêt.

Si la créance cédée est libre entre les mains du débiteur, la signification du transport au débiteur n'ayant aucun caractère d'exécution, ne peut interrompre la prescription; car la signification ne vaut pas saisie-arrêt, puisqu'on ne peut faire une saisie-arrêt qu'entre les

---

1. Merlin, Quest. de Droit, Interrupt. de prescription. Grenoble, 2 juin 1831. Dall. 32, 2. 86.

mains d'un tiers, et que le débiteur cesse d'être un tiers au moment de la signification ; elle ne vaut pas non plus saisie-exécution, puisqu'on ne peut saisir-exécuter qu'après avoir fait un commandement préalable, et ici il n'y en a pas.[1]

3° Un commandement.

Le commandement est un commencement d'exécution, car on ne peut pas exécuter sans un commandement préalable fait à la personne ou au domicile de la partie qu'on veut saisir. Le commandement va-valable a, comme moyen interruptif, une puissance que n'ont pas une instance et une assignation en justice ; ces actes, comme nous le verrons bientôt, sont sujets à la péremption et rendent inutile l'interruption ; le commandement, au contraire, ne peut tomber en péremption, il n'est sujet qu'à la prescription.

Le commandement est le seul acte extrajudiciaire qui, avec la reconnaissance volontaire du débiteur ou possesseur, ait la vertu d'interrompre le cours de la prescription ; ainsi une simple sommation, faite à la personne qu'on veut empêcher de prescrire, ne produit pas cet effet, et la raison en est bien simple : une sommation ne donne aucune communication des titres sur lesquels s'appuie le demandeur ; elle ne force pas le débiteur à se défendre et à fournir ses moyens de défense ; la sommation a plutôt pour but de prévenir une contestation que de la préparer et de l'engager.

Il n'en serait pas de même de la sommation de délaisser ou de payer adressée au tiers détenteur conformément à l'art. 2169. Cette sommation interromprait l'action hypothécaire, car elle se lie intimement au commandement adressé au débiteur originaire (art. 2169), et lorsqu'il devient nécessaire de saisir sur ce tiers détenteur, la sommation vaut commandement à l'égard de ce dernier ; elle l'oblige à proposer ses moyens de défense, à demander la discussion du débiteur principal, s'il y a lieu (art. 2170), à délaisser ou à purger. Si la sommation de délaisser n'est pas suivie de saisie dans les trois ans,

1. Troplong, Prescription, n° 572.

l'interruption sera regardée comme non avenue[1] (art. 2176, cb. 2247).

L'interruption résulte pareillement.

D'une citation en conciliation, pourvu toutefois qu'elle soit suivie d'une assignation en justice dans le mois à dater du jour, soit de la comparntion, soit de la non-comparution ou de la non-conciliation (art. 2245, comb. art. 57, p. c.), peu importe du reste que la cause soit du nombre de celles que la loi dispense du préliminaire de conciliation ou même qu'elle ne soit pas susceptible de se terminer par transaction (arg. art. 2246)[2].

Il me semble que la comparution volontaire des parties devant le bureau de paix suivi d'ajournement, produit le même effet que la citation en conciliation. En effet, l'art. 48 pr. c. attribue le même effet à la comparution volontaire qu'à la citation en conciliation; la comparution volontaire rend la demande recevable aussi bien que la citation en conciliation; pourquoi donc n'aurait elle pas la puissance d'interrompre la prescription, lorsqu'elle est suivie d'ajournement?

La citation en conciliation donnée avant l'échéance du délai pour prescrire, interrompt la prescription, quoiqu'elle n'ait été suivie d'ajournement qu'après la consommation de ce délai, pourvu que ce soit dans le délai fixé par la loi (art. 2245 — 57 pr. c.).

Il est vrai que c'est la citation en justice seule qui a le pouvoir d'interrompre la prescription, mais il était juste de faire remonter son effet jusqu'au moment où le demandeur a commencé d'agir.

Une assignation devant des arbitres étant une assignation en justice, il faut dire que la citation en conciliation, suivie d'une assignation devant des arbitres dans le délai de droit, interrompt la prescription. La demande reconventionnelle, formée au bureau de paix, interrompt la prescription lorsqu'elle est suivie d'une assignation dans le délai de droit.

1. Toulouse, 22 mars 1821. Sir 21. 2. 348.
2. Civ. rej., 9 nov. 1809. Sir. 10. 1. 77.

Une citation en justice interrompt la prescription quand même elle serait donnée devant un juge incompétent (art. 2246). Que l'incompétence soit *ratione materiæ* ou *ratione personæ*, il n'y a pas lieu à distinguer : l'assignation reste comme une preuve de la diligence de celui qui se pourvoit en justice, et des efforts qu'il a faits pour ouvrir les yeux du débiteur.

Mais l'interruption sera regardée comme non avenue.

1° Lorsque l'assignation est annulée pour défaut de forme, ou lorsqu'elle est donnée à une personne qui n'a pas qualité pour la recevoir. Il n'y a pas réellement assignation et il ne peut résulter de l'exploit de signification l'effet d'interrompre la prescription ; cependant la nullité a besoin d'être demandée, car elle serait couverte, si on ne l'avait pas proposée avant toute défense ou exception autre que celle d'incompétence et de caution (art. 173—61—166 pr. c.).

Le premier alinéa de l'art. 2247 ne parle que de l'assignation nulle pour défaut de forme, elle ne s'étend nullement aux nullités provenant d'un défaut de capacité dans la personne qui agit ; ainsi, l'incapable non autorisé, qui donnerait une assignation au détenteur de l'immeuble ou à son débiteur, interromprait la prescription ; car, pour conserver son droit, l'incapable est considéré avoir une capacité suffisante.

2° Lorsque le demandeur se désiste de sa demande (art. 2247. al. 2). Le demandeur, par son désistement, reconnaît que sa prétention est mal fondée, il renonce à se prévaloir de son assignation et des procédures qui en ont été la suite; les choses sont remises au même état qu'elles étaient auparavant (art. 403 pr. c.).

3° Lorsque le demandeur laisse périmer l'instance, c'est-à-dire s'il a cessé de continuer les poursuites pendant trois ans, lequel délai est augmenté de six mois, lorsqu'il y a lieu à demande en reprise d'instance, soit à cause de la mort de l'une des parties, soit à c͏⁻͏ de la mort ou de la cessation de fonctions de son avͦ⁻͏ʹ pr. c.).

Cependant, la péremption n'a pas lieu de plein droit, il faut qu'elle soit demandée et prononcée par jugement; car elle peut se couvrir par des actes valables faits par l'une ou l'autre des parties avant la demande en péremption (art. 399, pr. c.).

Ce que l'art. 2247, al. 3, décide pour la péremption d'instance, doit s'appliquer aussi au jugement par défaut qui termine l'instance, mais que la partie a laissé périmer (art. 156, pr. c.), avec cette différence qu'il n'y a que le jugement périmé qui est effacé et que l'exploit d'ajournement subsiste et sert de point de départ à la nouvelle prescription[1].

4° Si la demande est rejetée (art. 2247, al. 4).

La prescription est encore interrompue, lorsque le possesseur ou le débiteur reconnaît le droit du propriétaire ou du créancier (art. 2248).

La reconnaissance peut être expresse ou tacite : Expresse, lorsqu'elle a lieu par acte entre vifs ou par testament ; elle n'exige pas dans celui de qui elle émane la capacité requise pour contracter une obligation ou pour faire une renonciation. Cette reconnaissance, en effet, ne contient ni obligation ni renonciation, puisqu'elle n'a pour objet ni de constater un engagement dont la preuve n'existerait pas, ni de renoncer à un droit qui n'est pas encore ouvert : autre chose est de renoncer à une prescription acquise, autre chose est d'interrompre par sa reconnaissance le cours d'une prescription commencée[2] (arg. art. 2220, 2222; comb. 2248).

Tacite, lorsque le débiteur paie les intérêts du capital dû ou une partie de la dette, pourvu toutefois que la prescription ne soit pas acquise au moment de ce paiement partiel; lorsqu'il donne une caution, un gage ; lorsqu'il demande un délai pour payer; lorsqu'il y a novation, compensation, etc.

---

1. Riom, 14 mars 1829. Dall. 30. 2. 8.
2. Aubry et Rau, t. II, § 338, texte et note 3. Paris, 29 août 1814. Sir. 14. 2. 241.

Les réserves mises dans un contrat interrompent-elles la prescription?

Si la réserve est faite par le créancier, elle est inutile, quand même elle serait faite en présence du débiteur et préciserait la somme due; le créancier ne peut interrompre la prescription que par une demande en justice, un commandement ou une saisie[1]. Si la réserve des droits du créancier est faite par le débiteur lui-même, il faut voir si la réserve est générale et vague, ou si elle spécifie la dette réservée. Au premier cas on ne doit pas y avoir égard; c'est une de ces clauses de style que les notaires jettent par habitude dans les contrats et qui n'ont pour les parties aucun sens ni aucune valeur; au deuxième cas, il y a reconnaissance suffisante, et la prescription est interrompue[2].

§ III.

De l'extension de l'interruption de la prescription d'une personne à une autre.

En règle générale, l'interruption de la prescription ne s'étend pas d'une personne à une autre : *a persona ad personam non fit interruptio*. Il y a cependant quelques exceptions à cette règle. Voyons ces exceptions. Elles résultent de la connexité qui existe entre les obligations.

L'interpellation faite à l'un des débiteurs solidaires, ou sa reconnaissance, interrompt la prescription contre tous les autres, même contre leurs héritiers (art. 2249, al. 1er).

Cette disposition, qui n'est que la répétition de l'art. 1206, est fondée sur la nature de la dette solidaire. Tous les liens juridiques qui obligent les différents débiteurs solidaires, n'ont pour objet qu'une seule et même prestation, et par rapport à cette prestation, tous les débiteurs doivent être considérés à l'égard du créancier comme ne faisant ensemble qu'une seule et même personne.

1. Cass. 23 janv. 1809. Dall., Enregistr., p. 212, 213.
2. Troplong, Prescription, nos 619, 620.

Nous venons de dire que la reconnaissance faite par l'un des débiteurs solidaires interrompait la prescription contre tous les autres, mais il faut, bien entendu, que la prescription ne soit pas acquise, car autrement cette reconnaissance ne nuirait point aux autres, l'obligation étant éteinte, il n'y a plus de débiteurs solidaires ; elle ne pourrait être opposée qu'à celui qui l'a faite, à ses héritiers ou ayants-cause.

L'interpellation faite à l'un des héritiers du débiteur solidaire, ou sa reconnaissance, n'interrompt pas la prescription à l'égard des autres cohéritiers, quand même la dette serait hypothécaire, à moins que l'obligation ne soit indivisible; dans ce cas, l'interruption de la prescription opérée contre l'un des débiteurs, conserve intégralement les droits du créancier contre tous (art. 2249, al. 2).

Cette interpellation ou cette reconnaissance n'interromprait la prescription à l'égard des autres codébiteurs que pour la part dont cet héritier est tenu (art. 2249, al. 3).

Si on voulait interrompre la prescription pour le tout à l'égard des autres codébiteurs, il faudrait une interpellation à la masse des héritiers du débiteur décédé ou la reconnaissance de ses héritiers (art. 2249. al. 4).

La prescription interrompue en faveur de l'un des créanciers solidaires, profite à tous les autres (art. 1199). Mais il n'en serait pas de même si c'était l'un des héritiers d'un créancier solidaire, qui eût interrompu la prescription. L'interruption ne profiterait aux autres créanciers que jusqu'à concurrence de la part de cet héritier dans la totalité de la dette, à moins que l'obligation ne soit indivisible (arg. art. 2249); elle ne serait interrompue en faveur des autres cohéritiers que dans ce dernier cas.

L'interpellation faite au débiteur principal ou sa reconnaissance interrompt la prescription contre les cautions (art. 2250). Le cautionnement est en effet un contrat accessoire qui doit suivre le sort du principal; par son contrat, le fidéjusseur ne fait qu'accéder à l'obligation principale; le créancier, en poursuivant son débiteur, ne peut laisser périr son droit contre la caution.

Mais l'inverse est-il vrai? L'interpellation faite à la caution ou sa reconnaissance, interrompt-elle la prescription contre le débiteur principal? Il me semble qu'il faut distinguer si le cautionnement a eu lieu au vu et su du débiteur principal ou dans l'acte même, la prescription sera interrompue; mais si la caution s'est obligée après coup et à l'insu du débiteur, la prescription ne sera pas interrompue. Le sort du débiteur ne peut dépendre de celui de la caution. Il y a plus, la prescription ne sera pas interrompue vis-à-vis de la caution, car l'accessoire ne peut subsister sans le principal [1].

Si le débiteur principal avait renoncé à la prescription acquise, cette renonciation ne pourrait être opposée à la caution qui aurait alors un droit acquis à sa libération et réciproquement.

La saisie immobilière interrompt la prescription non seulement en faveur de celui qui a fait la saisie, mais encore en faveur de tous les créanciers du saisi (art. 692, pr. c.).

Mais de quel jour date l'interruption? est-ce du jour où le procès-verbal de saisie a été dressé conformément à l'art. 675, pr. c., et que la saisie a été dénoncée au débiteur saisi, conformément à l'art. 677 du même Code? ou bien, est-ce seulement du jour où le placard imprimé est signifié aux créanciers inscrits aux domiciles élus par eux dans leurs inscriptions (art. 692)?

M. Merlin [2] incline vers ce dernier parti.

M. Troplong [3] combat vivement son opinion et se fond sur l'ancienne jurisprudence qui voulait que l'interruption datât du moment de la saisie. Le système de M. Troplong me semble le plus rationnel. En effet, il n'y a rien d'assez formel dans le Code de procédure civile, pour s'écarter de l'ancien droit. Dès l'instant que la saisie est inter-

1. Duranton, Prescript.. n° 283.
2. Quest. de Droit, Interrupt. de prescript.
3. Prescription, n° 640.

G.   5

posée et dénoncée au débiteur, l'immeuble devient le gage commun des créanciers, le propriétaire ne peut plus l'aliéner à leur préjudice (art. 686, pr. c.), la chose est mise sous la main de justice, les fruits sont immobilisés pour être distribués à tous les créanciers avec le prix de l'immeuble par ordre d'hypothèques (art. 682, pr. c.).

Il est vrai que lorsque la notification a lieu aux créanciers inscrits, il s'opère une union plus intime entre eux, ils sont intéressés à la poursuite; ils en surveillent la marche et en poussent les conséquences; la saisie ne peut plus être rayée que de leur consentement (art. 693, pr. c.). Mais avant cette notification il est certain qu'une communauté très-réelle, quoique moins étroite, existe entre les créanciers, et que le saisissant est le *negotiorum gestor* de la masse. D'ailleurs si l'interruption de la prescription datait du jour de la notification des placards aux créanciers inscrits, quel serait le sort des créanciers privilégiés ou à hypothèque légale? la plupart du temps, ces hypothèques et priviléges ne sont pas inscrits; la notification des placards ne pourra donc être faite à ces créanciers privilégiés, il faudra donc dire qu'étant en dehors de la coalisation des autres créanciers, la poursuite en expropriation ne leur sera pas commune et que dès-lors la prescription continuera à marcher contre eux. Ainsi la dispense d'inscription accordée comme une faveur, deviendra une calamité. Dans le système contraire on voudrait que l'interruption de la prescription en faveur des créanciers dispensés d'inscription [1] datât de la notification des placards aux créanciers inscrits; mais le Code ne le dit pas. Dans l'un et l'autre système on convient que les porteurs d'hypothèque légale ou privilége doivent être relevés de la prescription par un fait qui n'est pas le leur: pourquoi donc ne pas se ranger au système de l'ancienne jurisprudence?

Si le créancier saisissant venait à donner main-levée avant la notification des placards aux autres créanciers, la prescription ne serait pas interrompue à l'égard de ces derniers (art. 2247).

§ IV.

L'interruption de la prescription de courte durée intervertit-elle et proroge-t-elle le cours de la prescription ?

Dunod et même quelques cours (Toulouse, Nancy) soutiennent que lorsque la prescription de courte durée a été interrompue, il y a interversion et prorogation du cours de la prescription, le débiteur ne pourra plus se libérer que par trente ans. Mais c'est là une erreur combattue vivement par M. Troplong[1]. Cet auteur passe en revue tous les modes d'interruption ; il fait observer avec raison que lorsque la prescription de cinq ans a été interrompue par un ajournement, la question n'a aucune importance ; car ou la demande tombe en péremption, et dans ce cas l'interruption est regardée comme non avenue, ou bien l'instance se continue et se termine par un jugement qui opère novation et donne au demandeur un nouveau titre qui n'est prescriptible que par trente ans.

Il ne peut donc y avoir lieu à controverse que lorsque la prescription de courte durée a été interrompue par un commandement, par une saisie ou par la reconnaissance du débiteur. Dans tous ces cas, M. Troplong soutient, et avec raison, que la prorogation de la prescription ne peut résulter que d'une novation dans le titre ou dans la qualité de la créance. Le commandement n'opère nullement novation et ne peut jeter les fondements d'une nouvelle prescription. Une fois le commandement donné, si le créancier ne continue pas ses poursuites, la prescription recommence sur-le-champ sur les mêmes données et les mêmes éléments que la précédente. Il en est de même de la saisie, à moins que le saisi ne se soit rendu opposant et qu'il n'ait fallu une décision judiciaire pour vaincre sa résistance ; le jugement qui est intervenu opère novation et crée un nouveau titre, prescriptible seulement par trente ans.

La reconnaissance du débiteur, si elle est faite par un acte spé-

1 Prescription, nos 678 à 698.

cial, constitue un nouveau titre et change pour l'avenir les conditions de la prescription ; mais la reconnaissance tacite ne produit pas cette métamorphose, cette novation ; sans doute elle vaut comme interruption de la prescription, mais les parties restent toujours dans leur position respective ; convenons donc avec M. Troplong que l'acte interruptif ne fait qu'interrompre la prescription et qu'il n'en change nullement la durée.

CHAPITRE II.

Des causes qui suspendent le cours de la prescription.

Nous avons parlé des causes qui interrompent le cours de la prescription ; il nous reste maintenant à nous occuper des causes qui suspendent momentanément son cours.

Lorsque la prescription ne court pas, on dit qu'elle est suspendue, qu'elle sommeille : *dormit præscriptio.*

La loi pose en principe que la prescription court contre toute personne (art. 2250).

Mais cette règle souffre exception, lorsque la personne contre qui la prescription court, se trouve, à raison de quelque empêchement, soit légal, soit conventionnel, ou par suite de circonstances de force majeure, dans l'impossibilité absolue de poursuivre son droit. C'est en ce sens qu'il faut entendre la maxime : *Contra non valentem agere non currit præscriptio;* maxime qu'il ne faut pas interpréter d'une manière trop générale.

Ainsi, la prescription ne serait pas suspendue par l'absence, la faillite, l'ignorance de celui contre qui la prescription court.

La guerre, la peste et autres fléaux semblables ne·sont une cause de suspension que lorsque le créancier a été dans une impossibilité absolue d'agir.

La prescription n'est pas non plus suspendue en faveur des mili-

1 Avis du Conseil d'État du 12 novembre 1840. Décret du 26 février 1848.

taires employés dans les armées en temps de guerre. Il est vrai qu'on trouve une loi du 6 brumaire an V, qui déclare qu'aucune prescription, même celle de courte durée, ne courra contre les défenseurs de la patrie et autres citoyens attachés au service des armées de terre et de mer pendant la durée de la guerre générale jusqu'à l'expiration d'un mois après la conclusion de la paix, sauf la prorogation de délai établie dans certains cas par l'art. 2 de la même loi et par la loi du 21 décembre 1814. Mais cette loi était une loi de circonstance qui était restreinte au temps de la durée de la guerre d'alors, et qui, par conséquent, a cessé de plein droit d'être en vigueur depuis la conclusion de la paix en 1814; en cas de guerre, elle ne pourrait plus renaître, car une loi abrogée ne peut plus être remise en vigueur que par le pouvoir législatif.

§ 1er.

SUSPENSION DE PRESCRIPTION A L'ÉGARD DES MINEURS ET DES INTERDITS.

La loi a toujours pris les mineurs et les interdits sous sa protection, et, quoiqu'ils soient pourvus de tuteurs, elle veut que la prescription ne court pas contre eux, si ce n'est dans les cas spécialement indiqués par la loi (art. 2252, 2278, 1676, 1663, C. c. 398, 444 pr. c., etc.), et encore dans ces cas le tuteur ne peut-il prescrire contre son pupille.

La loi a sagement fait de les prémunir contre la négligence, l'erreur ou l'oubli d'un tuteur.

Le mineur émancipé doit être placé sur la même ligne que le mineur non émancipé, la loi ne distingue pas; d'ailleurs, la prescription est une voie indirecte pour aliéner, et on sait que l'émancipé ne peut aliéner.

§ II.

SUSPENSION DE LA PRESCRIPTION ENTRE ÉPOUX.

La prescription est pareillement suspendue entre époux, sous quelque régime qu'ils soient mariés ; « il serait contraire, dit M. Bigot de « Préameneu, à la nature de la société du mariage que les droits de « chacun ne fussent pas l'un à l'égard de l'autre respectés et conser- « vés. » La prescription serait dans le ménage une occasion de trouble, si elle pouvait s'accomplir entre époux, quand même ils seraient séparés de corps, la prescription serait également suspendue, car la loi ne distingue pas [1].

Nous avons dit que la prescription était suspendue entre époux pendant le mariage : il y aura des cas où le mariage fera plus que suspendre le cours de la prescription, il l'interrompra ; par exemple lorsque les droits de la femme sont décrits dans le contrat de mariage ou bien lorsqu'ils sont connus des époux.

§ III.

SUSPENSION DE LA PRESCRIPTION EN FAVEUR DE LA FEMME PENDANT LE MARIAGE.

La prescription est suspendue en faveur de la femme pendant la durée du mariage dans les cas suivants :

1° Lorsqu'elle est mariée sous le régime dotal, à l'égard seulement des immeubles dotaux déclarés inaliénables, à moins que la prescription n'ait commencé utilement avant le mariage (art. 2255, 1560, 1561).

1. Malleville, sur l'art. 2253.

La disposition de l'art. 1561 a été d'empêcher que les époux ne se dépouillent directement ou indirectement des biens dotaux; si donc un tiers a commencé à prescrire avant le mariage, il n'y a plus à craindre de fraude.

En cas de séparation de corps ou de bien judiciaire, la prescription court à partir du moment où la séparation est devenue définitive, à moins toutefois que l'action de la femme ne dût réfléchir contre le mari, auquel cas la prescription ne courra qu'après la dissolution du mariage[1] (art. 1661, 2566, al. 2).

2° Quand elle est mariée sous le régime de la communauté à l'égard des actions qu'elle ne pourrait exercer qu'après une option à faire entre l'acceptation et la répudiation de la communauté[2] (art. 2256, al. 1er).

En effet, l'action de la femme n'est pas encore ouverte; pour agir, il faut qu'elle attende l'événement qui déterminera son choix, et cet événement ne peut arriver qu'après la dissolution de la communauté.

3° Sous quelque régime qu'elle soit mariée, à l'égard des actions au moyen desquelles elle peut attaquer les actes qu'elle a passés sous l'autorisation de son mari ou de justice, ou de celles qui réfléchiraient contre le mari (art. 2256, al. 2). Comme, par exemple, lorsque le mari vend un immeuble de la femme sans son consentement, ou bien lorsqu'il vend conjointement ou solidairement, mais sans formalité, avec sa femme mineure, un immeuble personnel à celle-ci.

Par exception, la prescription court contre la femme, qu'elle soit mariée sous le régime pur de la communauté ou bien qu'elle soit séparée de biens par contrat ou en justice, à l'égard des biens dont elle a l'administration ou dont l'administration a été confiée au mari, sauf, dans ce dernier cas, son recours contre le mari (art. 2254), et

1. Troplong, Prescription, n° 778. Cass. 24 juin 1817. Sir. 17. 1. 504. 1er mars 1847. Sir. 47, 1. 180.

2. Req. rej., 24 août 1809. Sir. 7. 2. 839.

cela quand même la prescription aurait commencé avant la célébra-
tion du mariage; toutefois, comme il n'y a de responsabilité que là
où il y a faute, les tribunaux devront consulter les circonstances et
les faits de la cause pour déterminer si l'accomplissement de la prescription peut ou non lui être imputé à faute[1].

§ IV.

OBLIGATIONS CONDITIONNELLES A TERME ; ACTIONS EN GARANTIE.

La prescription ne court pas non plus: 1° à l'égard d'une créance
qui dépend d'une condition ou d'un terme certain ou incertain, jusqu'à l'événement de la condition ou l'échéance du terme (art. 2257,
al 1er et 3). Dans l'un et l'autre cas, le créancier se trouve dans l'impossibilité d'agir.

L'art. 2257 ne parlant que d'une créance conditionnelle, suppose
l'existence d'un lien d'obligation personnelle entre celui au profit du-
quel et celui contre lequel la prescription doit courir; elle ne s'applique donc qu'à la prescription extinctive; il en résulte qu'un immeuble, dont la délivrance se trouve subordonnée à une condition ou
à un terme, peut être acquis à l'aide de la prescription de dix à vingt
ans, ou de celle de trente, par un tiers possesseur, même avant l'événement de la condition ou l'échéance du terme; il en résulte encore
que le tiers détenteur d'un immeuble soumis à une charge réelle quel-
conque pourra l'en affranchir au moyen de la prescription de dix à
vingt ans ou de trente ans, bien que l'établissement ou l'exercice du
droit correspondant à cette charge se trouve soumis à une condition
non encore accomplie ou à un terme non encore arrivé (arg. art. 2180,
al. 4). En vain opposerait-on la maxime: *contra non valentem agere non
currit præscriptio*, sur laquelle repose la disposition de l'art. 2257, en

1. Troplong, Prescription, nos 760 à 765.

disant que cette maxime doit aussi protéger celui qui a sur un immeuble un droit réel dont l'établissement ou l'exercice est subordonné à une condition ou à un terme, car rien n'empêchait le créancier conditionnel d'agir contre le tiers détenteur par des actes conservatoires [1] (art. 1180).

Lorsque la dette est payable en plusieurs termes ou se compose d'une série d'annuités, la prescription relative à ces différents termes ou annuités court à partir du moment où chacun d'eux est devenu exigible.

La condition résolutoire, à la différence de la condition suspensive, ne met point obstacle à la prescription, car cette condition ne suspend ni l'obligation ni son exécution (art. 1183). Elle en opère seulement la résolution et remet les choses dans le même état qu'auparavant, si elle vient à s'accomplir.

2° A l'égard d'une action en garantie jusqu'à ce que l'éviction ait eu lieu (art. 2257, al. 2). Jusque-là, en effet, il n'y a pas d'action ouverte.

§ V.

SUCCESSION BÉNÉFICIAIRE.

Enfin, la prescription ne court pas au préjudice de l'héritier bénéficiaire pour les créances qu'il a contre la succession et réciproquement au préjudice de la succession, par rapport aux créances qu'elle a contre l'héritier bénéficiaire (art. 2258, al. 1er), car l'héritier bénéficiaire, représentant la succession, étant à la fois demandeur et défendeur, ne peut s'actionner lui-même.

Si l'héritier bénéficiaire n'était pas seul héritier, la prescription courrait contre lui à l'égard des portions de sa créance qui sont à la

1. Aubry et Rau, § 772, texte et note 10.

charge des autres héritiers, à moins que l'obligation ne soit indivisible (arg. art. 2249, al. 2).

Mais la prescription court contre une succession vacante ; elle court aussi pendant les délais accordés à l'héritier pour faire inventaire et délibérer (art. 2258, al. 2 et 2259); dans l'un et l'autre cas les parties intéressées peuvent, sans prendre qualité, faire les actes nécessaires pour interrompre la prescription.

DROIT COMMERCIAL.

DE LA

SOCIÉTÉ EN COMMANDITE.

§ Ier.

De la société en commandite en général.

On appelle société en commandite celle qui se contracte entre un associé responsable et en nom ou entre plusieurs associés solidaires et responsables d'une part, et un ou plusieurs associés, simples bailleurs de fonds, appelés commanditaires d'autre part, et qui est régie sous un nom social, lequel doit être nécessairement celui d'un ou de plusieurs associés responsables (art. 23).

Cette société, d'origine italienne, vient du mot latin *commendare*, qui signifie confier, prêter, donner en dépôt. Elle fut introduite en France par une adroite combinaison des gentilshommes et des capitalistes, soit pour participer clandestinement à des opérations commerciales, sans perdre leurs titres de noblesse à une époque où le commerce dérogeait à la noblesse, soit pour se soustraire à la rigueur des lois canoniques, qui défendaient le prêt à intérêt.

Cette société, d'une grande utilité pour le commerce, puisqu'elle permet de rassembler de grands capitaux, renferme deux classes de personnes bien distinctes; la première procède au grand jour, elle comprend les membres qui sont responsables et solidaires; ces membres sont encore appelés complimentaires, commandités; à leur égard on suit les règles de la société en nom collectif. La seconde classe renferme les commanditaires qui restent cachés et ne sont passibles des pertes que jusqu'à concurrence des fonds qu'ils ont versés dans la caisse sociale; s'ils justifient avoir versé leur apport, ils sont à l'abri de toutes recherches, soit de la part des commandités, soit de la part des créanciers de la société; dans le cas contraire, ces derniers ont une action *indirecte* pour les contraindre à remplir leurs engagements (art. 1166, C. c.).

En cas de faillite de la société, le commanditaire serait-il tenu de rapporter les bénéfices perçus en temps de prospérité? Non, il est d'usage de partager les bénéfices à la fin de chaque année; tout ce que le commanditaire a perçu sans fraude, sans anticipation, lui est légitimement acquis, on ne pourra plus lui redemander, on ne pourra plus revenir sur des paiements effectués; s'il en était autrement, on entraverait le commerce.

Nous avons dit que le commanditaire n'était tenu des pertes que jusqu'à concurrence de sa mise sociale, mais pour cela il faut qu'il s'abstienne rigoureusement de tout acte de gestion extérieure, de tout acte d'immixtion dans la société, même en vertu d'une simple procuration, sous peine d'encourir la solidarité et d'être obligé personnellement et indéfiniment avec les associés en nom pour toutes les dettes et engagements de la société (art. 27, 28).

On a voulu par là éviter les fraudes qui se commettaient avant la publication du Code; souvent un spéculateur de mauvaise foi hasardait sous une raison sociale composée de noms d'emprunt des entreprises téméraires, et en cas d'échec, il se retranchait derrière sa qualité de simple commanditaire, et sauvait ainsi sa réputation et sa fortune.

Qu'entend-on par acte de gestion?

C'est, d'après un avis du conseil d'État du 29 août 1809, approuvé le 17 mai, administrer, vendre, acheter, transiger et compromettre, c'est là administrer, le commanditaire ne le peut pas, le gérant peut seul le faire, il peut aussi emprunter, à moins de conventions contraires. Si les actes de gestion extérieure sont interdits au commanditaire, les actes de surveillance intérieure lui sont permis; ainsi il pourra inspecter les livres, les ateliers [1], etc. Mais il ne pourra prendre part aux délibérations à moins d'une convention expresse dans le contrat de société, et encore si la délibération concernait un acte de gestion, il devra s'abstenir; il pourra assister aux délibérations qui ne sont pas incompatibles avec sa position [2].

Cette prohibition de s'immiscer dans les affaires de la société n'est plus applicable, lorsque la société est dissoute.

Nous avons vu qu'il était expressément interdit au commanditaire de faire aucun acte de gestion sous peine de solidarité, mais cette défense ne s'applique pas aux transactions commerciales que le commanditaire peut faire pour son compte avec la société; ainsi il pourra vendre ou acheter à la société [3].

Dans le cas d'immixtion, le commanditaire ne sera pas tenu envers les associés, mais seulement envers les tiers; il aura son recours contre les premiers.

Le commanditaire qui s'est immiscé, est puni de la solidarité, mais on ne devrait le déclarer en faillite qu'autant qu'il se trouverait personnellement dans les conditions constitutives de l'état de faillite [4].

1. Colmar, 4 février 1819. Dalloz, v° Société, p. 133.
2. Cass. 13 décembre 1841. Sir. 42. 1. 141.
3. Avis du cons. d'État, 29 avril 1809, approuvé le 17 mai.
4. Bourges, 2 août 1828. Dalloz, 29. 2. 284.

§ II.

Des actions dans la société en commandite.

Dans la société en commandite et même dans toutes les sociétés en général, on peut diviser le capital en actions, c'est-à-dire, en un certain nombre de fractions égales dont l'addition forme le total du fonds commun; chaque associé est investi d'un nombre d'actions correspondant à son intérêt dans l'affaire et chacune de ses actions qui est divisible en portions égales appelées coupons (art. 38), sans toutefois que cette égalité soit de l'essence de la société[1], représente une quote-part du capital social.

La propriété des apports, meubles ou immeubles, qui forment le capital, reste pendant la durée de la société entre les mains de l'être fictif qu'elle constitue, tout en laissant aux associés la faculté de disposer de leurs parts individuelles dans la propriété du fonds commun par vente ou autrement.

On appelle actions les parts indivises, mobilières, incorporelles, exprimées en valeur monétaire et transmissibles du fonds social d'une société, divisées en portions égales, ou au moins aliquotes les unes des autres, abstraction faite des personnes qui en sont ou qui peuvent en devenir propriétaires, lesquelles parts donnent le droit de participer proportionnellement et indéfiniment aux bénéfices, en n'obligeant aux pertes que jusqu'à concurrence de leur valeur nominale[2].

Les actions se transmettent de la même manière qu'elles se constituent.

Les art. 35 et 36 indiquent deux manières de constituer les actions; elles peuvent, disent ces articles, être au porteur ou nominatives. Dans le premier cas, la cession s'opère par la simple tradition du titre; dans le deuxième, elle s'opère par la voie du transfert, cons-

1. Note du cours de M. Thieriet.
2. Idem.

tatée par une déclaration inscrite sur un registre spécial et signé du gérant et des parties intéressées.

Il existe une troisième manière de transmettre les effets, c'est l'endossement; peut-on transmettre les actions par cette voie? Non, car toutes les fois que la loi a voulu qu'un titre fût susceptible d'endossement, elle l'a dit; les effets de l'endossement sont exorbitants du droit commun, on ne doit pas les étendre au-delà des limites que la loi leur a assignées; les exceptions sont de droit strict.

Dans ces derniers temps, on avait voulu soutenir que les actions au porteur n'étaient pas permises dans les sociétés en commandite, mais cette doctrine a été formellement condamnée par un jugement du tribunal de commerce de la Seine, confirmé par un arrêt de la cour de Paris, du 7 février 1832 [1].

§ III.

De la constitution et de la dissolution de la société en commandite.

La société en commandite ne peut être établie que par la convention des parties; cette convention doit être expresse, elle ne peut se supposer; il n'y a qu'une seule exception à cette règle (ord. du 2 prairial, an XI, sur les armements en course). *Exceptio firmat regulam.*

Nous venons de voir comment la société en commandite se constitue; voyons maintenant les modes de dissolution de cette société, nous les examinerons sous deux rapports différents.

1° Quant aux temps, aux conditions. Les modes de dissolution de cette société sont les mêmes que ceux que le Code civil trace pour les sociétés civiles (art. 1865).

2° Quant aux personnes. Lorsqu'un associé responsable ou un commanditaire est frappé de mort naturelle ou civile, la société est dissoute; elle sera également dissoute lorsqu'un associé responsable ou un commanditaire tombe en faillite; cependant, si le commanditaire qui

1. Dalloz, 32. 2. 125.

tombe en faillite avait réalisé sa mise de fonds, la société ne serait pas dissoute. Si la société est par actions, la mort naturelle ou civile d'un actionnaire ne dissout pas la société.

§ IV.

De la constatation et de la publication de la société en commandite.

La société en commandite, comme celles en nom collectif et anonyme, doit être constatée par acte notarié ou sous signature privée (art. 39) et dans ce dernier cas, il faut se conformer à l'art. 1325, C. civ. (Voir les art. 853-854, C. civ., où il faut que l'acte qui constate la société soit authentique).

L'écriture est la seule constatation possible de l'existence de la société; la latitude donnée par le Code civil de ne recourir à l'écriture que pour une valeur au-dessus de 150 fr., ne peut se trouver en matière de société commerciale à cause de la publicité de l'acte de société. On exige l'écriture dans l'intérêt des tiers et dans celui des associés; car l'acte de société fait la loi des associés entre eux, et nulle preuve par témoins ne pourrait être admise contre et outre son contenu, ni sur ce qui serait allégué avoir été dit avant, lors ou depuis, encore qu'il s'agisse d'une somme au-dessous de 150 fr. (art. 41, comb. 1834, C. civ.).

La sociéte nulle pour faute de constatation à l'égard des associés ne peut être opposée aux tiers, ces derniers ne doivent pas supporter la conséquence de la non-constatation et ils seront admis à établir par tous les moyens de preuve l'existence de la société. L'art. 41 ne concerne que les associés entre eux.

La constatation de la société ne suffit pas, il faut aussi que le public en connaisse l'existence et les conditions [1]. L'art. 42 du Code de

1. L'origine de cette publication se trouve dans l'ordonnance de Blois en 1579, en vertu de laquelle l'étranger qui voulait former une société en France, était obligé d'en faire constater son existence. Cette ordonnance, rendue en défiance des étrangers, fut étendue à toutes les sociétés en général par l'ordonnance de 1672.

commerce indique la marche à suivre. Il porte : L'extrait de l'acte qui constate la société en commandite sera remis dans la quinzaine de la date de l'acte de société au greffe du tribunal de commerce de l'arrondissement dans lequel est établie la maison de commerce, pour être transcrit sur le registre et affiché pendant trois mois dans la salle des audiences.

Si la société a plusieurs maisons de commerce situées dans divers arrondissements, la remise, la transcription et l'affiche de cet extrait seront déposés au tribunal de commerce de chaque arrondissement.

Si la société n'a pas de maison de commerce, il faudra remplir les mêmes formalités au domicile de chaque associé.

Outre cet extrait, un décret du 31 mars 1852 ordonne que chaque année, dans la première quinzaine de janvier, les tribunaux de commerce désignent au chef-lieu de leur ressort, et à leur défaut, dans la ville la plus voisine, un ou plusieurs journaux où devront être insérés, dans la quinzaine de leur date, les extraits des actes de société. Il doit être justifié de cette insertion par un exemplaire du journal, certifié par l'imprimeur, légalisé par le maire et enregistré dans les trois mois de sa date.

. Les associés doivent remplir ces formalités ; s'ils ne le font pas, ils sont en faute, et la société peut être déclarée nulle à leur égard, mais non à l'égard des tiers qui, comme nous l'avons vu, peuvent établir l'existence de la société par tous les moyens de preuve.

Que doit contenir l'extrait? L'art. 43 nous l'indique.

Ce sont :

1º Les noms, prénoms, qualités et demeures des associés autres que les actionnaires ou commanditaires.

2º Le montant des valeurs fournies ou à fournir par actions ou en commandite. Une énonciation fausse du versement pourrait être considérée comme un crime d'escroquerie puni par l'art. 405 du Code pénal

3º La raison sociale de la société.

G.   5

4° La désignation de ceux des associés autorisés à gérer, administrer et signer pour la société.

5° L'époque où la société doit commencer et celle où elle doit finir. Si l'extrait est incomplet, la clause omise ne peut être opposée aux tiers, car ces derniers ne peuvent scinder le contrat de société, mais l'accepter tel qu'il est.

L'extrait est signé, s'il est authentique, par le notaire instrumentaire, et la clause omise retomberait sur lui ; si elle est sous signature privée, par tous les associés responsables et en nom (art. 44).

Si l'extrait de l'acte de société n'a pas été publié, la société sera nulle à l'égard des associés responsables et des commanditaires, mais non à l'égard des tiers.

Si le greffier avait oublié d'afficher l'extrait dans la salle d'audience et de l'insérer dans le registre à ce destiné, la société n'en serait pas moins nulle à l'égard des associés qui auraient dû surveiller l'exécution de cette formalité [1].

Toute continuation de société après son terme expiré, toute dissolution de société avant le terme fixé, doivent être rédigées par écrit et publiées d'après les formalités exigées ; il en est de même de tout changement apporté à la raison sociale, de tout changement et retraite d'associé, de toutes nouvelles stipulations ou clauses. En cas d'omission, il y aura lieu à l'application de la disposition pénale de la loi de 1833, c'est-à-dire de la peine de nullité, nullité dont les associés ne peuvent se prévaloir qu'entre eux, et qui ne peut être couverte.

[1] L. 67, Dig. de fidej.

FIN.

www.ingramcontent.com/pod-product-compliance
Lightning Source LLC
Chambersburg PA
CBHW060500210326
41520CB00015B/4039